# LA ORACIÓN EN MI VIDA

ExLibric

JOSÉ ÁNGEL RUANO GÓMEZ

# LA ORACIÓN EN MI VIDA

EXLIBRIC

ANTEQUERA 2024

**LA ORACIÓN EN MI VIDA**
© José Ángel Ruano Gómez
© de la imagen de cubiertas: María Alejandra Vega Zúñiga
(Santísimo Cristo de la Verónica de Antequera, Málaga)
Diseño de portada: Dpto. de Diseño Gráfico Exlibric

Iª edición

© ExLibric, 2024.

Editado por: ExLibric
c/ Cueva de Viera, 2, Local 3
Centro Negocios CADI
29200 Antequera (Málaga)
Teléfono: 952 70 60 04
Fax: 952 84 55 03
Correo electrónico: exlibric@exlibric.com
Internet: www.exlibric.com

ISBN: 978-84-10297-55-5
Depósito Legal: MA 2265-2024

Impresión: PODiPrint
Impreso en Andalucía – España

Nota de la editorial: ExLibric pertenece a Innovación y Cualificación S. L.

JOSÉ ÁNGEL RUANO GÓMEZ

# LA ORACIÓN EN MI VIDA

# Agradecimientos

Mis agradecimientos van en primer lugar a mi maestro espiritual, el padre Ignacio Larrañaga, así como a mis directores espirituales, los padres Antonio Lupiáñez, Lorenzo Orellana y, el último de ellos, Isidoro Murciego, trinitario, que ha sido quien me ha animado a publicar el libro.

A mis padres Antonio y Carmen, a mis abuelos y a mi bisabuela Trinidad, a quien debo mi tercer nombre.

A mis hermanos Antonio Jesús, Carmen María, Silvestre Pablo, Juan de Dios y María Salud.

Y a mi entrañable amiga María Alejandra Vega Zúñiga.

# Presentación

Durante toda mi vida he tratado de vivir basado en las opiniones de los demás y centrado egocéntricamente solo en mí. Ahora, que ya he vivido tanto y que tengo el tiempo para poder observar el mundo tal cual es, sin prisa y sin prejuicios, me he dado cuenta de que también existe una vida espiritual que para mí se traduce en vivir plenamente.

En este libro se plasman las recopilaciones de esas oraciones con las que en cada momento de encuentro con Dios y conmigo mismo he encontrado el verdadero significado de «vivir».

A través de estas oraciones, que a lo largo de mi vida he escrito expresando mis sentimientos, mi singularidad y el encuentro íntimo con Dios, voy descubriendo el poder infinito que tiene la oración.

Contigo, querido lector, quiero compartir este pequeño y humilde libro de oraciones, que agradezco a la inspiración del Espíritu Santo, que se ha servido de mí para manifestarse y, con la palabra, ayudar y aportar a las personas que lo lean unos instantes de oración sencilla y eficaz para comunicarse con Dios en los momentos de la vida por los que puedan estar atravesando.

Todos tenemos la gracia de Dios para hablarle como amigo y hermano, desde la sencillez y las palabras que cada cual tiene en su corazón.

Os animo a todos a hablar a Dios desde lo más íntimo de vuestro ser y desde vuestro amor a Él.

# No me dejes, Señor

No me dejes, Señor, caer de nuevo en la tentación.
Prefiero mejor la muerte que caer en el abismo.
Sé que, a menudo, caigo en mi debilidad.
Sé que me olvido de orar.
Solo tu gracia me puede ayudar,
solo tu espíritu me puede confortar.
Y si me abandonas, Señor, caeré en el error,
la indiferencia y la miseria,
la soledad total y el desamor.

## SOLAMENTE EN TI

Si me olvido de ti, dejaré de vivir.
Si conmigo no estás, derramaré mi capital.
Solo tú lo puedes llenar, solo tu inmensa bondad.
Haz de mí un hombre nuevo, lléname de paz.
Solo en ti está mi consuelo,
solamente en ti está mi libertad.

# SIN TI NO QUIERO VIVIR

Quisiera, Señor, llenarme de ti,
saciarme de tu amor, vivir feliz.
Siento ansias de amor
y solo puedo vivir si estás junto a mí,
dándome tu amor.
Sin ti no quiero vivir
y sin ti me muero de amor.
Hazme vivir morando en mí,
llenándome de amor.

# ALEGRÍA Y AMOR

Acostumbrado a tu amor,
doy mi vida a los demás y siento soledad.
Cuando no estás en mí,
puedo sufrir vejaciones y quebrantos,
puedo soportar sufrimientos,
pero si no estás conmigo,
muero en el olvido,
desfallezco si te pierdo
y nazco de nuevo si vas conmigo.
Alegría y felicidad, amor y verdad
son tus señas de identidad.

# MISERICORDIA, SEÑOR

Ten misericordia, Señor,
olvida nuestros pecados
y concédenos tu perdón.
Ayúdanos con tu gracia,
danos tu bendición,
para perdonar con esperanza,
un año de gracia y de amor.
Otórganos tu espíritu,
ilumínanos con tu luz,
que seamos hijos tuyos
y proclamemos tu palabra.
Danos vida y esperanza,
muéstranos tu misericordia
para que empecemos una vida nueva.

# GRACIAS

Gracias, Señor, por esta vida
que nos das cada mañana.
Gracias, Señor, por tu amor.
Gracias por la fe y la esperanza.
Gracias, Señor, por tu perdón.
Gracias por hacernos hombres nuevos.
Gracias por llenarnos de amor.
Gracias por vencer los miedos.
Gracias por la alegría y la ilusión.
Queremos agradecerte este mundo
diferente que estás creando
en nuestro interior.
Tú quieres que hagamos
un mundo de hermanos
lleno de amor,
olvidando nuestros rencores,
que seamos mucho mejores
con tu gracia y tu amor.

# No me quieren como tú

No me quieren como tú.
Tú me amas como soy,
cuando estoy alegre y también triste.
Tú me consuelas
y llenas de esperanza,
cuando todo fuera de mí
es opresión.
Tú quieres que perdone
ofensas e infidelidades.
Tú quieres que sea como tú.
Dame, Señor, tu gracia
para que en momentos de desesperanza
descubra tu cruz
y también tu luz y esperanza.

# AMAR Y PURIFICAR

Amar y esperar.
Buscar y pacificar.
Animar y consolar.
Ayudar y recuperar.
Solicitar y facilitar.
Gozar y disfrutar.
Iluminar y alegrar.
Afianzar y calmar.
Serenar y doblegar.
Luchar y justificar.
Limar y persignar.
Sublimar y purificar.

# AL CAER LA TARDE

Al caer la tarde,
me examinarás en el amor.
Ilumínanos, Señor, con tu palabra,
muéstranos tu salvación.
Estamos, Señor, en un laberinto
de implicaciones, tentaciones y conflictos.
Haznos ver tu luz
para que sepamos comprender
qué quieres de nosotros.
Muéstranos tu rostro
y transfórmanos en imagen tuya.
Líbranos de esta coyuntura
y anima nuestros corazones.

# MARÍA AUXILIADORA

María Auxiliadora,
líbranos de todo mal.
Tú, que eres virginal y señora,
auxilio de los cristianos,
derrama sobre nuestras vidas
fe, esperanza y caridad.
Ten misericordia de nuestros pecados
y encamina nuestras vidas
hacia la vida eterna;
siembra en nuestros corazones
paz, amor y alegría;
sé nuestra guía,
María Auxiliadora.

# Sagrado Corazón de Jesús

Sagrado Corazón de Jesús,
en vos confío,
danos un nuevo corazón
y llénanos de amor.
Ten compasión, Sagrado Corazón,
ven a nuestras mentes
y haz que seamos
intensos y solventes.
Haznos diferentes al mundo terrenal
y líbranos de todo mal.
Sagrado Corazón de Jesús, en ti confío.

# Virgen del Carmen

Virgen María que sacas de las tinieblas
el alma mía.
Tú, que iluminaste a Elías
en el Monte Carmelo
y diste tu luz a Santa Teresa
y San Juan de la Cruz,
danos un rezo de amor
que calme nuestro corazón
de luz y esperanza.
Enséñanos la bienaventuranza
de amor y perdón,
líbranos del infierno y de todo mal.

# Sagrada Familia

Familia Sagrada de Nazaret,
María, Jesús y José,
haced que con vuestra gracia
tengamos la esperanza
de llenar de amor y alegría
todas las familias cristianas.
Enseñadnos las virtudes
que en vuestra humilde casa
vivíais los tres,
llenos de amor, vida y esperanza.
Que vuestra alegría
sea nuestra alegría
y que vuestra esperanza
sea nuestra esperanza.

# En el silencio

En el silencio de esta noche
y animado de vuestro espíritu,
quiero, Dios mío, haceros mi plegaria,
súplica de amor y dolor,
quebranto mi esperanza.
Lléname de tu luz y dame tu cruz.
Enséñame en la humildad, en el amor,
la fe y la esperanza.
Enséñame a vivir y también a sufrir.
Luz y cruz, ilumíname y crucifícame
en el amor, la fe y la esperanza.

## PAZ Y ALEGRÍA

Paz y alegría, salud y amor
deseo a mis hermanos
con todo el corazón.
Tened fe y esperanza,
que Cristo ya nació.
Nace en el hombre nuevo
que Jesús liberó.
Destruyó cadenas,
rompió esclavitudes
de pasados errores
y dio una vida llena de amores
y verdadera vocación.
Amaos y perdonaos,
que Jesús ya nació.

## AMOR Y ESPERANZA

Amor y esperanza nacen cada día
como una melodía
que me llena el alma.
Gracias, Dios mío, por tu amor
y paciencia conmigo.
Gracias por tu amor.
Gracias por la fe y la esperanza.
Aquí estoy implorando perdón
por mis pecados.
Espero tu bendición.
Dame tu espíritu, Señor,
para que siga mi creación,
que consiste en amar en libertad,
esperanza, con fe y dirección.

## CONTEMPLACIÓN

Ver con amor todo lo creado por Dios.
Ver con los ojos del corazón.
Ver a Dios todo en unidad,
discriminando la verdad.
Ver, oír con atención,
percibir cuanto hay a nuestro alrededor,
depositando nuestra mirada
como la amada que mira a su amado
con amor y devoción.

# ABANDONO

Me abandono en tus brazos, padre Dios,
y deseo tu ayuda en mi tristeza y quebranto.
La soledad embarga mi corazón
y silencios que hieren como cuchillos.
Oigo ya los aullidos de fieras
hambrientas que esperan al acecho.
Solo tú, Dios mío, me puedes librar
de las luchas y darme la paz
que tanto anhela mi alma.
Amor y amistad
ante el odio y la venganza.
Tu poder todo lo alcanza.

## SIENTO Y ESPERO

Siento que la soledad
me acompañará hasta el final.
Espero que tu verdad me guíe
y cuide de todo mal.
No desespero de encontrar buen puerto
en este peregrinaje incierto.
Tu camino es seguro y me saca del apuro
del fracaso de vivir.
Dame tu paz y calma mi sed de amor y verdad.
Siembra en mí justicia y sinceridad.

# EL AIRE DEL ESPÍRITU

El aire del espíritu transforme mi vida,
me llene de alegría y me dé el ímpetu.
Quiero vivir tu palabra como paloma
alada por donde quiera que vaya.
Sentir en mi corazón que tu voz
ya se hace oración,
vibrar al son de tu canción
que dice «amor, amor, amor».

# DOLOR

Lleno de dolor por la cizaña que germina
entre el campo de trigo,
vengo a pedirte perdón y a esperar tu bendición.
Anima tu espíritu, Señor Jesús,
para que siga amando
y perdonando hasta el fin.
Ten misericordia de mis debilidades y pecados,
y concédeme tu gracia
para renacer de nuevo a una esperanza viva.
Te imploro también perdón
para quienes, en su inconsciencia,
me hicieron tropezar y caer.
Perdónalos, Señor, y convierte
sus corazones muertos en corazones nuevos.

# TU ESPÍRITU

Tu espíritu nos renueve
y nos dé la fuerza para caminar.
Déjame esperar con paciencia y esperanza
la gracia que nos depara tu advenimiento.
Señor, enséñame el camino, la verdad y la vida,
que sepa cantar contigo en el encuentro y la partida.
Dame tu luz, lléname de amor,
que quiero aceptar tu cruz,
para alcanzar redención, conversión y perdón,
misericordia y justicia,
paz y amor,
penitencia y bendición.

# GRACIAS, SEÑOR (I)

Gracias, Señor, por la vida.
Gracias, Señor, por tu amor.
Gracias, Señor por la alegría
de poder ser tu servidor.
Gracias por tu palabra,
que nos llena de tu espíritu y amor.
Gracias por la esperanza que nos salva.
Gracias por la fe y el amor.
Te amo sobre todas las cosas
y mi espíritu te alaba.
Ven pronto a esta casa
que espera tu misericordia.

# BENDICE, ALMA MÍA

Bendice, alma mía, al Señor con tu amor.
Llénate de alegría por tanta compasión
en este día de alegría y resurrección.
Tú, Señor, nos das la alegría
y nos traes tu bendición.
Llénanos de esperanza, fe y amor,
para que llevemos a nuestros hermanos
la verdadera bendición.

# PRIMAVERA

La primavera ha venido y el amor ha florecido.
Trinan los pájaros y el cielo azul se llena de amanecer.
Hoy ha nacido la primavera de nuevo.
Primavera en mi corazón.
Y es tanto el dolor que tengo por tu ausencia
que quisiera hacer presencia de tus besos de amor.
Te amo en la distancia y no te olvido.
Eres mi amado y quiero estar contigo.

# SIGNOS

Canta la cigarra.
Canta el gorrión.
Canta el hombre en sus miserias
y le responde Dios.
Amor, paciencia y providencia
son signos de Dios.
El hombre que persevera
verá el rostro de Dios.

# TESTIGOS

Unidos por un canto nuevo
son los hombres testigos.
Amor, fe y esperanza los sostienen en esta vida.
Buena noticia se llama y el Evangelio predican.
Amor es su distintivo,
su emblema y su coraza
que todos los bienes alcanza.

## PEREGRINO DE DIOS

Caminante que caminas, peregrino de Dios,
son tus huellas la fe, la esperanza y el amor;
son testigos de un mensaje verdadero
que me trajo el hijo de Dios.
Jesús el Nazareno es su nombre,
es hijo del hombre y también de Dios.

# Gracias, Señor Jesús

Gracias, Señor Jesús, por dar la vida por mí.
Yo estaba perdido y sacaste mi vida del abismo.

Gracias, Señor Jesús, por el amor que me das,
sufriendo en la cruz y dándome la redención.

Gracias, Señor Jesús, por el milagro de tu perdón
que me hace ver tu resurrección.

Gracias, Señor Jesús, pues vivo de la fe y del amor
que siento en el prójimo y en ti.

# QUIERO TU AMOR

No quiero, Señor Jesús, ni plata ni oro;
solo te quiero a ti, para que estés en mi corazón.
Solamente quiero tu amor,
que inunde mi ser
para llevar a los demás tu mensaje de amor.
Lléname de tu paz, dame tu espíritu
para que sea tu discípulo,
que lleve tu luz a todos
los que están en la oscuridad.

# Quiero morir contigo

Quiero morir contigo para contigo resucitar,
llevando por los caminos
tu mensaje de amor y paz.
Quiero florecer y dar fruto
para llenar la tierra de amor, paz y bien,
pagar el tributo que me pides a mí también,
llevando a los pobres y hambrientos
tu palabra de amor y bien.

# OBSERVADOR

Observador que observas,
tú también eres observado por un ojo mayor
que te mira con misericordia y con amor.
Compadécete de tus hermanos
y no los juzgues inicuamente,
pues Dios perdona tus pecados.
Quiere que tú hagas igualmente,
pues Él fue benevolente y no te alejó de su lado.
Arrepiéntete, espera pacientemente,
que su justicia ya llega
y cobrará a cada uno el impuesto que merece.
Igualmente, dará su recompensa
al que se portó justamente.

# Primera versión

Señor Jesús, derrama tu paz en mis pensamientos,
tu amor en mi corazón.
Señor Jesús, derrama tu vida en todo mi ser
para que pueda cumplir
fielmente tu santa voluntad
en comunión con la Santísima Trinidad:
Dios Padre,
Dios Hijo
y Dios Espíritu Santo.
Amén.

## SEGUNDA VERSIÓN

Derrama, Señor Jesús, la gracia de tu Espíritu Santo
sobre mis pensamientos para que tenga tu paz.
Derrama, Señor Jesús, tu amor en mi corazón
para amar como tú me amas.
Derrama, Señor Jesús, tu vida en todo mi ser
para que pueda llevarla como tu testigo
a mis hermanos, los hombres,
para que todos encuentren en ti
la paz, el amor y la vida.
Enséñame a comunicar, siguiendo tu luz,
tu verdad para iluminar
a los que en tinieblas y en ignorancia están.

# MADRUGADA

En esta madrugada de primavera,
quiero ofrecerte, amor mío,
mi oficio de poeta del amor,
siendo profeta de Dios y testigo de su pasión,
muerte y resurrección en este sábado
de la octava de la Pascua del Señor.

# POETA-PROFETA DE DIOS

Amar el oficio divino de ser poeta-profeta de Dios,
teniendo la misión del amor,
siendo testigo de Cristo,
enviado a contar y cantar la vida
de Nuestro Señor Jesucristo
en su tierra natal.
Teniendo la experiencia de Dios,
siendo otro místico que vive la pasión,
muerte y resurrección como otro Cristo,
llevando la palabra de Dios
como un canto de amor a todo ser humano
y ser hermano hasta de mi mayor enemigo,
ofreciéndole mi mano y mi corazón
para lograr su conversión
y el perdón de sus pecados.

# LUCES, PALABRAS Y SILENCIOS

Luces que se apagan,
palabras que rompen en gritos
y matan silencios que estremecen
y buscan en el alma respuesta sincera.
Cansado y agobiado por tantos fuegos
y tantos frentes, quiero descansar
en un corazón que ame, perdone
y sonría alegre.
Corazón de Jesús, no me abandones a mi suerte.

# SEÑOR JESÚS, EN TI CONFÍO

Señor, en ti confío, en ti he puesto mi fe,
mi esperanza y mi amor.
A tus pies, Señor Jesús, he depositado
mis preocupaciones, mis tensiones y problemas.
A ti, Señor Jesús, te suplico me libres
de mis angustias y soledades.
A ti te ofrezco mis debilidades y pecados
para que me purifiques de toda miseria
y me concedas la gracia de ser
un verdadero hijo tuyo.
Te ofrezco todo mi ser
y hágase en mí según tu voluntad.

# CABEZA Y CORAZÓN

Cabeza y corazón forman mi ser humano,
pero me falta tu gracia, Señor Jesús,
que infunda en mí la unidad
para formar un hombre integrado
con una cabeza y un corazón nuevo.
Hay que nacer de nuevo,
hay que nacer del espíritu
y hay que morir del hombre viejo.
Derrama sobre mí y sobre la humanidad
esa agua para que nos purifique
ese espíritu que nos haga nacer de nuevo.
Engendra un nuevo ser, danos una vida nueva,
purifica nuestras acciones,
concédenos tu voluntad divina,
una cabeza y un corazón formando un ser nuevo
que florezca en la mañana
y cante tu alabanza de hombre nuevo.
Infúndenos tu espíritu para que caminemos
en justicia, verdad y paz,
que veamos tu creación nueva
y vivamos en un cielo y en una tierra nuevos.
Que baje la Jerusalén del cielo.

# QUIERO CANTARTE, SEÑOR

Quiero cantarte, Señor,
en esta mañana de primavera.
Quiero decir tu nombre
y la verdadera primavera.
Como cantan el gorrión y el jilguero,
yo quiero vivir mi canto de amor.
Quiero ser tu trinador, Señor,
y también tu mensajero.
Mensajero de buenas noticias,
mensajero de amor, paz y justicia.

# TARDE DE MAYO

Tarde de mayo,
el viento sopla y el agua del lago borbotea,
haciendo olas contra el muro
apasionadamente.
Tarde de mayo serena el alma
y el espíritu ardiente de cielo azul,
se viste el lago.
Ya la paz está en tu mente.
El sol alumbra mi frente
y cálidamente reposa en mi cara.
Dios infinito y amoroso
que vigilas y no duermes,
buscas al que, despierto de corazón y alma,
siente y vive amorosamente.

## Suenan los trinos

Suenan los trinos de los pájaros
para recogerse en esta primavera.
También yo trino con mi canto
y quiero estar a tu lado,
para amarte y besarte en los labios.
Vuelan las palomas sobre el lago
y el espíritu se cierne.
Sopla el viento y toma el aliento.
Vuelvo a nacer en este atardecer,
el amor renace de nuevo en mi corazón.

# MILAGRO DE PRIMAVERA

Árboles cargados de simiente
y flores que en frutos se convierten,
milagro de la primavera
que hace florecer todo lo que vive
y transpira en esta tierra.
Pájaros que se arrullan,
dos jóvenes que se quieren,
primavera de amor.
Quiero ser poeta para cantar y cantar
poemas en este atardecer.
Todas las personas van al lago
para ver florecer la primavera de mayo.
Jóvenes que florecen, ya los frutos crecen,
frutos de vida en esta primavera
tibia del mes.

# GRACIAS, DIOS MÍO

Gracias, Dios mío, por este sufrimiento.
Gracias, aunque me enfade.
Gracias, aunque no lo acepte.
Enséñame, Señor, a agradecerte
todo lo que me pasa.
Quiero que me enseñes a ser obediente
en el sufrimiento y también en la muerte.
Quiero que seas mi maestro
y que me corrijas
cuando me muestre rebelde.
Quiero que me enseñes el abecedario de la vida.
Quiero tener el templo que tuviste tú en la vida,
haciéndote alimento en forma de hostia divina.

# SEÑOR JESÚS

Ve, Señor Jesús, a través de mis ojos.
Siente y ama a los demás
por medio de mi corazón.
Piensa con mi mente y obra con mis manos,
porque yo a veces soy incapaz
de mirar a mis enemigos;
no puedo amar al que me ofende
y me quedo paralizado para obrar justamente
y con misericordia.
Por eso, Señor Jesús, me ofrezco hoy todo a ti,
para que hagas de mí un hombre nuevo,
capaz de pensar, sentir, amar
y obrar como tú.

# SOLAMENTE TÚ

Solamente tu gracia, Señor Jesús,
puede darme la vida.
Solo tu misericordia
puede convertirme en un hombre nuevo.
Soy un pecador, Señor,
y a menudo te ofendo,
cometo mil iniquidades
y luego me arrepiento.
Solo tú, Señor Jesús,
puedes hacerme nacer de nuevo.
Solo tú, Señor, puedes darme un corazón sincero.
Hazme de nuevo como vasija del alfarero.

# YA ESTÁ BIEN

Ya está bien, ¡Dios mío!,
de tanta violencia, de tanta muerte.
Que haya paz en esta tierra
y surjan de las lanzas arados
y de las espadas, podaderas.
Que se acaben el odio y la envida,
que entre la paz por todas las esquinas.
Que surja el amor
y, como verdaderos hermanos,
caminemos juntos hacia un mundo mejor:
el Reino de Dios.

# VÍCTIMA Y SACERDOTE

Hazme ser, Señor Jesús,
víctima de mis propios pecados
y condéname a morir en la cruz
y ofrecerme como tú
en ofrenda de suave olor.
Hazme ser, Señor Jesús, sacerdote,
que te ofrezca en el altar de la cruz
la ofrenda de mi cuerpo,
como ofreciste el tuyo,
para el perdón de mis pecados.
Hazme, Señor Jesús,
víctima y sacerdote a la vez,
como lo hiciste tú, que te ofreciste
en eterno sacrificio de la cruz
y, a la vez, fuiste sacerdote eterno
según el rito de Melquisedec.

# HAZ, SEÑOR JESÚS

Haz que me vista, Señor Jesús,
la túnica de la santidad.
Haz que me ciña con el cordón del amor,
que me embrace con el escudo de la justicia
y de la verdad.
Que me ponga el casco de la fe en ti,
de la esperanza en tu reino.
Que empuñe la espada de tu palabra divina
y que proclame tu Evangelio
mientras exista.
Haz que me renueve por dentro,
que me llene todo entero de tu vida,
que lleve la paz y la alegría,
siendo mensajero de tu reino eterno.

# TRINIDAD

Padre eterno, Hijo Jesús, Dios y hombre verdadero,
Espíritu Santo, defensor del maligno
y dador de vida a los muertos,
Santísima Trinidad, hoy os imploro
por mi verdadera conversión y arrepentimiento.
Vengo a pediros perdón
por tanto mal como he hecho.
Tened misericordia de mí,
que soy un pobre pecador sincero,
que busco refugio en vos, Dios verdadero.
Acudid pronto a mi corazón,
que, si no, desespero.

# TÚ NOS HAS DICHO

Tú nos has dicho: «Venid a mí
si estáis cansados y agobiados,
que yo os aliviaré».
Aquí vengo yo con mi cansancio
y mi agobio ante ti,
a pedirte la paz interior que necesito.
Sin tu paz, no puedo seguir adelante.
Si me faltas tú, todo es vacío ante mí.
Por eso, te suplico que me ayudes
y me confortes en estos momentos
tan críticos y duros para mí.
Espero y confío en ti, Señor Jesús,
y en tu Espíritu Santo,
para que me ilumines y me confortes.

# DOLOR Y SUFRIMIENTO

Dolor y sufrimiento albergan mi alma y mi cuerpo.
Siento el dolor físico que me hiere el brazo.
Siento el sufrimiento del espíritu.
Siento que cada día me minan mis entrañas
y muero de tristeza en este amanecer incierto.
Dudas de fe y miserias del alma
que triste está por tantas agonías
que hieren cada día mi persona herida,
por tantas cizañas y tantas envidias
como soporto noche y día.

# Llora el día

Llora el día en su lluvia suave y fría.
Llora Dios de tristeza y soledad
al ver que sus hijos se alejan de Él
y van perdidos como ovejas sin pastor.
El cielo gris y plomizo anuncia
que seguirá la lluvia y no cesará.
Mi alma está también triste
al ver este mundo lleno de odio,
de violencia y de muerte.
Hazme, Señor, ser mensajero tuyo,
para que lleve por toda la tierra
paz, amor y el orgullo humilde
de ser hijo de Dios.

# Señora de la Consolación

En este día efímero y pasajero como tantos,
quiero expresar el sentir de mi poesía
y el agobio de mis quebrantos,
lamentos y quejidos del alma,
que, solitaria y herida, espera el consuelo.
Señora de la Consolación,
en este día quiero pedir perdón al amor,
y a la persona que más quiero
siento haberle roto el corazón
y dividido el alma en dos.
Dos amores hermanados
en un mismo corazón.
Amor dividido por una locura de amor,
que celos hubo en mí
cuando vi que tus cuidados
depositabas en mi hermano del alma:
mi corazón.

# MANOLITO

De nuevo ha venido a visitarme
en esta tarde de soledad y silencio
el amor en forma de gorrión,
que comiendo en la terraza
me ha dado un rayo de esperanza.
Siento que el amor vuelve a mi corazón.
Manolito se llama ese gorrión
que ha venido esta tarde
a traerme su corazón,
para decirme que no estoy solo
y que me acompaña con su canción.

# NO ESTOY SOLO

Ya no estoy solo,
ha nacido de nuevo el amor.
Dios ha venido a visitarme en forma de gorrión.
Sé que la fe mueve montañas
y que la oración y el ayuno
son los mejores compañeros
cuando uno está en el desierto.
Empiezo a ver la luz
después de las tinieblas,
un rayo de amor ha nacido en mi corazón.
Todo es gracia.
Todo es amor.
Todo es esperanza.
Todo es corazón.

# AL TERCER DÍA

Al tercer día empiezan a visitarme.
Primero ha sido el amor verdadero,
el de Dios Padre,
que, a través de su Hijo y con el Espíritu,
me ilumina y me salva de mi soledad y tristeza.
Luego, mi gorrión favorito,
que se llama Manolito.
Después, mi padre,
que me ha abierto su corazón
y me ha hablado de su amor
y se alegra de mi sanación.

# CORAZÓN DE JESÚS

A ti, Señor Jesús, y a tu corazón amado,
quiero expresar mi devoción,
quiero cantar mi canción.
Enséñame, Señor, a amarte y amar a mis hermanos
con un corazón sincero y arrepentido
por tanto sufrimiento.
He causado muchos males
a las personas que más quiero.
Por eso, siento dolor de mis pecados
y estoy arrepentido por tanto conflicto creado,
por mi debilidad y mis faltas.
Estoy, Señor, cansado de tantas luchas
y enfrentamientos.
Estoy agobiado por mis problemas.
Quiero ofrecerte lo que soy
y que me des tu corazón
humilde y sincero.
Quiero que purifiques mi alma
de tanto desconsuelo.
Quiero, Señor Jesús, que me ames,
para que, amado por ti, extienda ese amor
a mis hermanos y compañeros.
Necesito de tu perdón y de tu consuelo.

Quiero empezar de nuevo con un corazón sincero
y con un espíritu firme y bueno.
Enséñame a caminar, peregrino,
por caminos nuevos de paz, amor y fe.
Caminos que me lleven a un mundo nuevo,
donde no haya rencores, envidias, ni recelos,
que se acaben las preocupaciones
y que todos seamos hermanos
bajo un mismo techo.

# AMANECER

Amanecer de nueva vida.
Emprender un camino nuevo deseo en este día
y que se acabe el sufrimiento.
Enséñame, Dios Padre, el camino
que tu hijo Jesús siguió en la tierra.
Que el Espíritu Santo
me ilumine y me dé la sabiduría verdadera.
Que la prudencia y la templanza,
la humildad y la paciencia
sean las armas con las que me defienda
del rencor, el miedo, la envidia y la maledicencia.
Dame la paz de tu espíritu y confórtame
cuando el camino sea pedregoso,
para que no tema el acoso
de perseguidores envidiosos.

# QUIERO

Quiero llevar tu mensaje
de paz, amor y silencio.
Quiero proclamar tu palabra
de vida y oración sincera.
Quiero adorarte en espíritu y verdad,
amarte hasta dar la vida
por mis hermanos más necesitados.
Quiero tanto y puedo tan poco
que si tu gracia y tu espíritu
no me acompañan,
estas palabras caerán en saco roto.
¿Qué quieres que haga por ti, Señor Jesús?
¿Qué misión me mandas?
Quiero cumplir tu voluntad,
aunque la mía deje de existir.
Quiero, Dios mío, amarte hasta el fin.

# VIRGEN MARÍA

Virgen María, a ti me acojo,
te venero y deseo que me acompañes
a caminar de nuevo.
Soy peregrino hacia un mundo nuevo.
Si tú vas conmigo,
tendré una madre a la que abrazarme
cuando sienta miedo.
Que tu mirada no se aparte de mi camino.
Guíame y muéstrame las virtudes
que un cristiano debe tener.
Muéstrame tu humildad
y hágase la voluntad de Dios verdadero,
Dios Padre, Hijo y Espíritu mensajero,
que manda el mensaje
por inspiración del Reino de Dios.

## PAZ Y AMOR

En esta madrugada quiero enviarte dos palabras.
Quiero que sean las alas que te hagan volar
hasta las alturas de Dios.
Paz y amor, llévalas siempre contigo.
Adondequiera que vayas,
llévalas ungidas a tu corazón,
que ellas sean tu descanso
y te hagan olvidar el dolor.
Que sepas llevarlas con honor
y cerca de tu corazón.
Pronúncialas en todo momento
y alza el vuelo con ellas,
cuando el sufrimiento venga a tu encuentro.
No hagas enemigos
y considera a todos hermanos
en este camino hacia Dios.

# JESÚS DE NAZARET
# Y FRANCISCO DE ASÍS

Jesús de Nazaret y Francisco de Asís,
hijo del hombre, hijo de Dios,
dos caminos que se funden en un solo Dios.
Camino, verdad y vida.
Paz y bien, vida de Dios.
Quiero seguir vuestro ejemplo.
Quiero que seáis ejemplo en mi vida de amor.
Maestro de maestros.
Humilde servidor.
Fe, esperanza y amor.
Dios es amor, entrega sincera, oblación eterna.
Diste la vida a los muertos,
vista a los ciegos,
alumbraste el camino
a los peregrinos que buscan al Dios verdadero.
Nos diste el ejemplo con tus obras
y en nuestros cuerpos
dejaste señales de un mundo nuevo
hecho de dolor y sufrimiento,
de cruz en el calvario y estigmas en el cuerpo.
Quiero seguir vuestros pasos
y andar vuestros senderos

de amor verdadero,
ese que supone entrega, servicio,
humildad y también sufrimiento
por amor al hermano necesitado,
al hermano extraviado del camino verdadero.

# JESÚS HUMILDE Y PACIENTE

Tú, Señor Jesús, que eres humilde y paciente,
enséñame ese camino que supone
romper mi corazón soberbio
y mi paciencia ante la adversidad.
Enséñame a amar y perdonar todo el mal
que me hacen los demás.
Enséñame a ser humilde y paciente con el enfermo,
con el niño deficiente,
con el enemigo que busca perderme
por caminos pedregosos, egoísmos e intereses.
Ayúdame a vencer la tentación de creerme mejor
y hazme humilde y paciente.

# Señor Jesús,
# ten compasión de mí

Señor Jesús, ten compasión de mí.
Soy un hombre débil
y, a menudo, caigo en la tentación.
Me esfuerzo por seguir tu camino.
Espero tu gracia y que me auxilies
y me saques del abismo.
Ten misericordia y compasión de mí
y enséñame a orar sin desfallecer.
Dame la fe y el amor para perseverar
contigo hasta el final.
No me dejes, Señor, y enséñame la humildad
que me enseña a caminar con el corazón puro
y el espíritu de Dios.
Sin ti, Señor Jesús, no puedo nada.
Sin ti no soy nada,
y la tristeza me embarga,
pues cometo el mal que mi naturaleza humana
tiene en su debilidad.

# JESUCRISTO, REY DEL UNIVERSO

Tú eres mi rey, Jesucristo, a ti te quiero adorar.
Tu trono es la cruz y a los pies de ella
y ante ti me quiero postrar.
Tú me has perdonado, has redimido mi pecado.
A ti solo te he ofendido con mi soberbia y egoísmo.
Tú quieres para mí una vida nueva,
una vida de paz, amor y alegría.
Quieres que cante la melodía de la buena noticia.
Quieres que yo sea tu trovador
en este mundo apartado de Dios,
mundo de guerra entre hermanos,
mundo de materialismo, de fraudes y engaños.
Quieres que lleve tu verdad a toda la humanidad.

# GRACIAS, SEÑOR (II)

Gracias, Señor, por el sol que me ilumina
y me da su calor.
Gracias, Señor, por la brisa que refresca mi cara.
Gracias, Señor, por los cantos de los pájaros,
por los trinos que nos hablan de su autor.
Gracias, Señor, por los árboles frutales
que nos calman la sed y nos animan a caminar,
buscando el manantial y la fuente del amor.
Gracias, Señor, por todas las flores
que con sus colores embellecen la tierra
y nos muestran la belleza que obra en su interior.
Gracias, Señor, por el alimento que repara
nuestras fuerzas y manifiesta las obras nuevas
que hacen las manos de la cocinera.
Tú nos lo has dado todo,
tú has puesto en nuestras manos todas las criaturas
y has puesto tu imagen en nuestro corazón.
Gracias, Señor, tú eres el amor verdadero,
siempre eterno y soberano de todo el universo.

# SEÑOR DIOS

Se me llenan los ojos de lágrimas
al contemplar tus criaturas, ver el cielo azul
y el sol en su esplendor de la mañana.
Ver al pobre y humilde gorrión comer en la terraza.
Gracias, Señor Dios, por el milagro de la creación.
Gracias, Señor, por poder expresar
estos sentimientos que me embargan.
Gracias, Señor, porque hoy nace de nuevo
el sol en mi interior.
Gracias por tanto amor.
Gracias por la vida.
Gracias por la alegría
de poder cantarte esta canción.

# El tiempo

Ahora que empiezan a funcionar los despertadores,
queda el relojero en un eterno sueño,
el canto del gallo y también del gorrión.
El ladrido del perro,
las aves multicolores graznan su canción
y el hombre que madruga a sus labores
canta su canción con el motor de su tractor.
Ahora que todos despiertan,
te has dormido tú, Señor.
El hombre continúa la labor que tú has creado.
Empieza el alfarero a modelar el barro,
hace vasijas y jarrones,
y cálices de cerámica y de colores.
Todos son instrumentos y utensilios
que sirven al hombre
para dar alabanza a su creador,
ya sea en su trabajo o en la oración.
Mil y una formas diferentes
de dar las gracias al Señor
por este mundo tan hermoso
donde se unen criatura y creador.

# El Reino de Dios

Quisiera que el sol naciera en todos los corazones
y una nueva humanidad habitara la tierra.
Esto solo sucederá en la Jerusalén celestial,
cuando venga Jesús de nuevo a implantar su reino.
Reino de amor y de humildad, de alegría y de paz.
Reino de esperanza en un día esplendoroso
que nunca acabará.
Empecemos a construir este reino de humildad y paz.
Que haya justicia y solidaridad,
que los hombres seamos de verdad,
que nadie llame suyo a nada
mientras otro tenga de ello necesidad.
Todo pertenece a Dios
y habrá para todos abundancia de pan
si compartimos y nos damos con amor a los demás.

# NOCHE Y DÍA

Noche en vela,
noche de vigilia,
noche que se ha hecho día.
Noche y día en una misma canción
cantada por el mismo autor.
Todo te pertenece.
Alabado seas por siempre, Padre Dios,
y alabado sea Jesucristo, nuestro hermano mayor,
que nos ha enseñado el camino del cielo,
que nos ha enseñado un mundo mejor,
un mundo de hermanos
donde solo existen paz y amor.
Una familia unida donde no hay nada
ni nadie que la divida,
porque está construida sobre la piedra angular
que soporta toda tempestad y aparta toda inquietud.
Amemos como Él nos amó
y así seremos verdaderos hijos de Dios.
Alabado sea tu espíritu de amor,
que nos enseña su camino de la salvación.

# AMANECE

Teñido de rojo y de negros nubarrones,
amanece el cielo.
Presagios agoreros de un día
que nace envuelto en sangre,
luto por tantos muertos,
luto por tantos mártires
que están muriendo en esta guerra fratricida.
Caín vuelve a matar a Abel por envidia,
porque sus obras no son buenas.
Envidia Caín a su hermano Abel.
De nuevo se repite la historia cada día.
¡Que se acabe de una vez esta guerra entre hermanos!
¡Que se acaben la envidia, los temores y rencores!
¡Que se acabe la malicia en el corazón humano!
¡Ven, Señor Jesús, y no tardes en habitar
los corazones humanos!

Estas son las oraciones que han nacido desde lo profundo de mi ser, pero también las oraciones que a continuación comparto son las que me han reconfortado en momentos de intimidad con Dios.

# Invocación al Espíritu Santo

Ven, Espíritu divino,
manda tu luz desde el cielo,
Padre amoroso del pobre;
don en tus dones espléndido,
luz que penetras las almas,
fuente del mayor consuelo.
Ven, dulce huésped del alma,
descanso de nuestro esfuerzo,
tregua en el duro trabajo,
brisa en las horas de fuego,
gozo que enjuga las lágrimas
y reconforta en los duelos.
Entra hasta el fondo del alma,
divina luz, y enriquécenos.
Mira el vacío del hombre
si tú le faltas por dentro;
mira el poder del pecado
cuando no envías tu aliento.
Riega la tierra en sequía,
sana el corazón enfermo,
lava las manchas,
infunde calor de vida en el hielo,
doma el espíritu indómito,

guía al que tuerce el sendero.
Reparte tus siete dones
según la fe de tus siervos.
Por tu bondad y tu gracia,
dale al esfuerzo su mérito,
salva al que busca salvarse
y danos tu gozo eterno.
Amén.

# Oración simple de San Francisco de Asís

Oh, Señor, haz de mí un instrumento de tu paz.
Donde hay odio, que yo lleve el Amor.
Donde hay ofensa, que yo lleve el Perdón.
Donde hay discordia, que yo lleve la Unión.
Donde hay duda, que yo lleve la Fe.
Donde hay error, que yo lleve la Verdad.
Donde hay desesperación, que yo lleve la Esperanza.
Donde hay tristeza, que yo lleve la Alegría.
Donde están las tinieblas, que yo lleve la Luz.
Oh, Maestro, haced que yo no busque tanto
ser consolado, sino consolar;
ser comprendido, sino comprender;
ser amado, sino amar.
Porque es dando que se recibe;
perdonando, que se es perdonado;
muriendo, que se resucita a la Vida Eterna.

# Oración del abandono (Charles Foucauld)

Padre, en tus manos me pongo.
Haz de mí lo que quieras.
Por todo lo que hagas de mí, te doy gracias.
Estoy dispuesto a todo, lo acepto todo,
con tal de que tu voluntad se haga en mí
y en todas tus criaturas.
No deseo nada más, Dios mío.
Pongo mi alma entre tus manos,
te la doy, Dios mío,
con todo el ardor de mi corazón,
porque te amo y es para mí
una necesidad de amor el darme,
el entregarme entre tus manos sin medida,
con infinita confianza,
porque tú eres mi Padre.
Amén.

# Índice